Explora el Salvaje Oeste

PATHFINDER EDITION

Por Brian LaFleur y Shirleyann Costigan

CONTENIDO

VAQUEROS
olvidados

Los vaqueros afroamericanos eran fuertes. Eran valientes. Algunos hasta se hicieron famosos. Pero aun así, la historia se olvidó de ellos durante muchos años.

✤ Por Brian LaFleur ✤

En las primeras épocas del Oeste estadounidense, ser un vaquero era un trabajo arduo. Los vaqueros trasladaban rebaños de **ganado** a puntos de destino lejanos. También domaban y montaban caballos salvajes. La vida de un vaquero era emocionante. También era peligrosa.

De todas maneras, muchas personas se convirtieron en vaqueros. Probablemente haya habido aproximadamente 100.000 vaqueros en total. Sus antecedentes culturales eran muy variados. Pero más de la mitad de todos los vaqueros eran mexicanos o afroamericanos. Veamos más de cerca la historia de los vaqueros afroamericanos.

Después de la **Guerra Civil** de 1865, muchos afroamericanos se mudaron al Oeste. Esa guerra los liberó. Frecuentemente, las personas recién liberadas se mudaban en busca de una vida mejor. Para el año 1890, vivían casi 100.000 hombres, mujeres y niños afroamericanos en Texas y Oklahoma. Allí buscaban trabajo.

Era difícil para las personas recién liberadas encontrar trabajo en el Oeste. Sufrían **discriminación** o recibían un trato injusto. A menudo, solo podían conseguir los trabajos más duros. Por eso, muchos se convirtieron en vaqueros.

Gracias a su valor, algunos vaqueros muy trabajadores se hicieron famosos. Los escritores escribieron libros sobre ellos. Algunos vaqueros escribieron libros sobre sí mismos. Un libro que trata sobre la vida de su autor se llama **autobiografía.**

Nat Love escribió una de las más famosas autobiografías de vaqueros. En su libro publicado en 1907, Love cuenta muchas historias sobre su asombrosa vida. El libro se hizo muy conocido.

Love no comenzó su vida como vaquero. Nació esclavo en Tennessee en 1854. Fue liberado después de que terminó la Guerra Civil. Quiso asistir a la escuela, pero no pudo encontrar ninguna. Entonces, cuando tenía quince años, emprendió su camino hacia el Oeste.

Nat Love. *Escribió que amaba "la vida salvaje y libre de las planicies".*

Bill Pickett. *Esta estrella del rodeo inventó el derribe de novillos. Esto significa saltar sobre un novillo y luchar con él hasta derribarlo al suelo.*

Un joven emprende su camino al Oeste

Love se mudó a la ciudad de Dodge, en Kansas. Allí consiguió rápidamente un trabajo como vaquero. Le pagaban US$30 por mes. Se hizo reconocido por sus habilidades para enlazar, montar y domar caballos.

Love tuvo muchas aventuras. También conoció a otros famosos héroes del Oeste. Por ejemplo, conoció a Billy the Kid, a Bat Masterson y a Frank y a Jesse James.

Escribió sobre largos arreos de ganado. Generalmente arreaba el ganado desde Texas a Kansas. Love también luchó con animales salvajes y sobrevivió a tormentas de granizo muy fuertes. Hasta alegaba tener catorce heridas de bala.

Love no podía seguir siendo vaquero el resto de su vida. Después de que se construyó el ferrocarril, se necesitaron menos vaqueros. Los trenes comenzaron a trasladar el ganado por todo el país. Love consiguió un trabajo como guarda del ferrocarril. Llevaba el equipaje de los pasajeros.

Estrella de rodeo

Love no fue el único vaquero afroamericano que se hizo famoso. Bill Pickett también dejó su marca en el Oeste. Vivió entre 1870 y 1932. Participaba en demostraciones llamadas **rodeos**. En un rodeo, los vaqueros compiten en tareas peligrosas tales como enlazar ganado y montar toros.

Muchos rodeos son muy peligrosos. Pickett se quebró casi todos los huesos de su cuerpo. Pero esas quebraduras no lo detuvieron. Pickett llegó a participar en dos películas de cine.

En la pradera

Pickett y Love son solo dos de los miles de afroamericanos famosos del Salvaje Oeste. Entre otros se incluyen Cherokee Bill, Jesse Stahl, Arthur L. Walker, Ben Hodges, Mary Fields y Rufus Buck. Algunos eran buenos muchachos. Otros eran forajidos. Todos ayudaron a establecer el Oeste. Pero la historia se olvidó de ellos. ¿Por qué?

Omitidos de la leyenda

Nat Love y Bill Pickett vivieron en épocas en las que los vaqueros reales eran verdaderas estrellas. Eso cambió. A partir de la década de 1950, la gente aprendió sobre los vaqueros por medio de libros, películas y programas de TV populares.

Estas historias, llamadas "westerns" no eran siempre ciertas. Prácticamente ninguna incluía a los vaqueros afroamericanos. La gente comenzó a pensar que todos los vaqueros eran blancos. Una pieza clave de la historia norteamericana se perdió lentamente.

En la actualidad sabemos que no fue así. La gente está volviendo a contar las historias de aquellos vaqueros que fueron olvidados durante tanto tiempo. Eso es importante. Después de todo, los afroamericanos no solo ayudaron a construir el Salvaje Oeste. Ayudaron a construir los Estados Unidos.

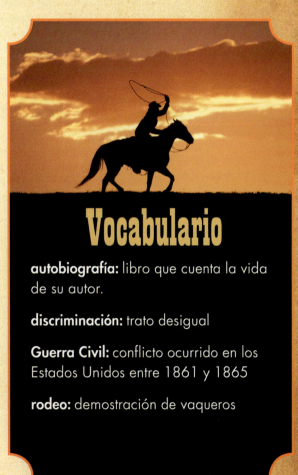

Vocabulario

autobiografía: libro que cuenta la vida de su autor.

discriminación: trato desigual

Guerra Civil: conflicto ocurrido en los Estados Unidos entre 1861 y 1865

rodeo: demostración de vaqueros

Ya has oído hablar de los vaqueros del Salvaje Oeste. Pero, ¿alguna vez has oído hablar de los gauchos? Del mismo modo que sus primos estadounidenses, los gauchos argentinos vagaban por las amplias llanuras. Descubre cómo sobrevivieron en otra tierra virgen.

por Shirleyann Costiga

¡El gauc

Una vaca perdida se separa del rebaño y corre por la pradera. Un hombre montado a un caballo la sigue al galope. El caballo gira abruptamente cuando la alcanza. El jinete se pega al lomo del caballo. Agita un trapo de lana en el aire. El jinete lleva la vaca perdida nuevamente al rebaño. Enseguida, se pierden en una nube de polvo levantada por cientos de patas sobre el suelo.

Bienvenido al mundo del gaucho. Como el vaquero del Salvaje Oeste de los Estados Unidos, el gaucho de Argentina es resistente y fuerte. Trabaja muchas horas en el rancho. Doma caballos salvajes. En los largos arreos de ganado, puede dormir en el suelo, cocinar carne sobre el fuego y beber *mate*, una infusión preparada con hierbas.

El rastro del gaucho

La vida del gaucho es dura. Sin embargo, para muchos en Argentina, el gaucho es un **héroe folclórico.** Se lo considera una persona noble e independiente. En los festivales y rodeos se celebran su historia y tradición. El gaucho es un símbolo de orgullo nacional.

Esto no fue siempre así. Hace cientos de años, el gaucho era un vagabundo que no tenía hogar. Hasta la palabra gaucho sugiere una vida solitaria. Viene de palabras que significan "huérfano" o "vagabundo".

Con el paso del tiempo, Argentina cambió. Y también cambió el gaucho y su imagen. El vagabundo se convirtió en un soldado respetado. El soldado se convirtió en un incansable trabajador de rancho. El trabajador de rancho se convirtió en un forajido odiado. Finalmente, el forajido se convirtió en un héroe folclórico. Para ver cómo fue cambiando la imagen del gaucho, sigamos su rastro.

Vagabundo de la Pampa

El rastro del gaucho comienza en la Pampa. El gaucho gobernaba estas chatas llanuras cubiertas de hierbas ubicadas en Argentina central. Las amplias praderas se extendían hasta donde alcanzaba la vista. El viento fuerte bramaba en el paisaje chato. Solo una persona resistente podía sobrevivir aquí. Solo un gaucho podía hacerlo.

A pesar de todo, para el gaucho, la Pampa eran más que un hogar. Era como una madre. Le daba lo que él necesitaba para sobrevivir. Cazaba aves y ganado salvaje para poder alimentarse y vestirse. También capturaba caballos salvajes.

El gaucho vivía en su caballo. De hecho, hacía de todo sobre el lomo de su caballo, excepto dormir. ¡Comía y hasta se higienizaba sobre el lomo de su caballo! Cuando no estaba cabalgando, el gaucho decía: "No tengo pies".

Se empezó a conocer al gaucho por su increíble habilidad para domar y montar caballos. Usaba una montura que tenía correas de cuero en lugar de los estribos para sus pies. Cabalgaba por las llanuras descalzo, ajustándose las correas con los dedos de los pies.

Herramientas de supervivencia.

Después de su caballo, la pertenencia más preciada del gaucho era su *facón,* o cuchillo. Lo sujetaba con un cinturón en la parte baja de su espalda. Usaba el cuchillo para protegerse. También usaba su hoja bien afilada para matar y despellejar animales. Cortaba trozos enormes de carne para cocinarlos sobre el fuego. Luego usaba su cuchillo como tenedor.

Para atrapar animales, el gaucho usaba un lazo llamado *boleadoras,* o *bola* para abreviar. Las hacía él con tres fajas de cuero o piel de animal. Ataba una piedra recubierta con cuero en el extremo de cada faja.

Cuando tenía al animal a la vista, el gaucho reboleaba la bola sobre su cabeza. Las hacía girar más y más rápido. Después, las soltaba. Las tres fajas de cuero se enredaban alrededor de las patas del animal. Lo hacían tropezar. Y caía al suelo.

En las abiertas llanuras, el clima solía ser húmedo y frío. Para mantenerse abrigado, el gaucho usaba una manta de lana llamada *poncho*. Cubría sus hombros y lo mantenía seco. A la noche, dormía sobre su poncho.

A diferencia del gaucho del pasado, este gaucho usa estribos y botas.

Los gauchos son conocidos por su capacidad de montar a caballo. Un gaucho arrea los caballos para cruzar el río.

De vagabundo a soldado

Para los primeros gauchos la vida era simple y sin cambios. Aunque nada permanece igual para siempre. A principios de 1800, ocurrieron tres hechos que cambiaron la vida de los gauchos para siempre.

Primero, Argentina se declaró en guerra con España en 1810. España había gobernado a Argentina durante casi 300 años. Argentina quería ser independiente. Los gauchos se convirtieron en soldados.

Sus habilidades de supervivencia los hicieron feroces luchadores. Mandaban estampidas de ganado a los campamentos de los enemigos. Enlazaban a los soldados españoles. Cuando los atacaban, desaparecían en las praderas.

De héroes de guerra a trabajadores de rancho.

Los gauchos ayudaron a ganar una guerra. También obtuvieron respeto. Una mayor cantidad de rancheros comenzó a contratar gauchos para ocuparse del ganado. Después de todo, los gauchos no necesitaban demasiado. Eran duros como una piedra. Y eran vaqueros expertos.

A principios de 1800, las llanuras eran muy amplias y abiertas. Los **descendientes** de los españoles colonizadores construyeron grandes *estancias o ranchos*. Usaban "cercas vivas" como árboles o zanjas para marcar sus terrenos. Su ganado vagaba libremente. Y los gauchos también. Luego hubo otro gran cambio durante la década de 1840. Cambió la vida del rancho y la vida de los gauchos.

Esta pareja mantiene viva la tradición gauchesca con una danza en la que la dama zarandea su falda.

De trabajador del rancho a forajido

El cambio comenzó después de que un ranchero viajó a Inglaterra. Vio que las cercas facilitaban la crianza del **ganado** y disminuían la necesidad de tener trabajadores. Trajo esa idea a Argentina. Enseguida, los rancheros comenzaron a alambrar las abiertas praderas con alambre común y alambre de púas.

Los **inmigrantes** de Europa se mudaron a la Pampa. Comenzaron a cultivar la tierra. También construyeron cercas. Con el paso del tiempo, todos los espacios abiertos desaparecieron.

Aunque el mundo en el que vivían cambió, ellos trataron de permanecer iguales. Los rancheros no entendían el estilo de vida vagabundo de los gauchos. Decían que los gauchos violaban las leyes llevándose animales de sus tierras. Entonces le dieron un nuevo nombre al gaucho: forajido.

De forajido a héroe

La mayoría de la gente no quería saber nada con estos forajidos. Entonces la imagen de los gauchos cambió una vez más. En la década de 1870, un poeta escribió un largo poema llamado "El gaucho Martín Fierro". Describía la vida de un gaucho. Contaba cómo amaba la libertad más que sus pertenencias. Contaba cómo había sido maltratado.

Miles de argentinos leyeron el poema. La historia llegó a lo más profundo de sus corazones. Amaban el espíritu independiente de Fierro. Admiraban su sentido de honor y valentía.

Gracias a este poema, los habitantes de Argentina volvieron a respetar al gaucho. Su vida seguía siendo difícil. Pero ahora era un héroe, no un forajido. Y así nace la leyenda del gaucho.

Los gauchos de hoy

Si viajas a Argentina, podrás ver a los gauchos de hoy. Seguramente conducen una camioneta y viven en una casa. Algunos todavía trabajan en ranchos como vaqueros; otros, consiguieron trabajo en la ciudad.

Pero mantienen las tradiciones del gaucho vivas con sus canciones, poemas y danzas. Los negocios venden cuchillos de plata, cinturones de cuero y otras artesanías creadas inspirándose en los gauchos.

Los gauchos demuestran sus habilidades como jinetes en rodeos y festivales. Enlazan ganado. Montan caballos enfurecidos. También bailan el *gato*, una danza que baila el gaucho con su pareja. Hacen *asado*, trozos de carne cocida al fuego.

Mientras tanto, en lo más profundo de la Pampa, todavía vagabundean algunos gauchos. Del mismo modo que sus padres y sus abuelos, ellos viven de lo que les da la tierra. Mantienen las viejas costumbres.

¿Pueden sobrevivir en una Argentina moderna? Nadie lo sabe. Pero hay algo certero: los gauchos, los de antes y los de ahora, luchan por mantener vivas sus tradiciones.

Mi gloria es vivir tan libre como el pájaro en el cielo:
No hago nido en el suelo ande hay tanto que sufrir,
Y naides me ha de seguir
Cuando yo remuento el vuelo.
de "El gaucho Martín Fierro"

Vocabulario

descendiente: persona nacida de miembros anteriores de su familia

ganado: animales que se crían en una granja, como vacas, ovejas o caballos

héroe folclórico: alguien admirado por mucha gente

inmigrante: persona que viene de otro país a vivir en un nuevo país

VAQUEROS

Encuentra las respuestas a estas preguntas acerca de los vaqueros.

1 ¿Por qué muchos afroamericanos se mudaron al Oeste después de la Guerra Civil?

2 ¿De qué manera los libros, las películas y la televisión cambiaron la imagen que la gente tenía sobre los vaqueros en los Estados Unidos?

3 ¿Por qué eran buenos soldados los gauchos?

4 Imagina a un gaucho. ¿Cómo es? ¿Qué está haciendo?

5 ¿Qué es "salvaje" en la vida de un vaquero?